すぐに役立つ
大人のワーク・ブック 3
【発展編】

遠藤 蓉子・著　サーベル社

～ はじめに ～

　本書は、大人の方を対象として、楽譜を理解するための知識をわかりやすく、鍵盤の上ですぐに役立つようにと考えて作られたワーク・ブックです。二巻までで、大体の基礎的な音符やリズムは学びました。三巻は「発展編」ということで、さらに深い楽典の理論を学びます。その他、あらゆる記号や楽式、音楽史など、あまり難しくならないで、興味深く取り組めるよう配慮して作りました。

　音大の受験問題ではありませんので、完璧に答えられる必要はありません。巻末に解答をつけていますから、解答を見ながら「なるほど」と理解しながら進んでいっても構いません。いわゆる「楽典」と呼ばれているものがこのようなものであり、音楽にもルールがあるということを知っていただければ、いろいろな曲に挑戦する時にさらに違った角度から理解を深める手がかりとなると思います。

　三巻におきましても、これまで同様豊富な反復練習で何度も習ったことを再確認し、定着させる方法をとっています。少し前に習ったことでも、忘れているかもしれません。そんな時は前のところをもう一度見て思い出して下さい。そうしているうちにいつの間にか身についてしまい、曲の中ですでに習ったことに遭遇した時、必ず役立つことと存じます。

　少し複雑な内容となりましたが、楽典そのものはそれほど難しいものではありません。わかってしまえば、問題を解くこと自体楽しいものです。問題形式も○×式や線結びなどを多く取り入れて、なるべく負担をかけないで楽しく学んでいただけるよう工夫してあります。ぜひ不屈の精神で最後までがんばって挑戦していただきたいです。

　本書が、ピアノを愛する多くの大人の方々のためにお役に立てば幸いです。

2001年 秋

遠　藤　蓉　子

もくじ

Check & Check 1 ·· 4
ワンポイント・レッスン 1　曲想記号 ·· 6
Check & Check 2 ·· 8
ワンポイント・レッスン 2　音名 ··· 10
Check & Check 3 ·· 12
ワンポイント・レッスン 3　音程の種類 ··· 14
Check & Check 4 ·· 16
Check & Check 5 ·· 18
ワンポイント・レッスン 4　速度に関する記号 ·· 20
Check & Check 6 ·· 22
ワンポイント・レッスン 5　近親調 ··· 24
Check & Check 7 ·· 26
ワンポイント・レッスン 6　三和音 ··· 28
Check & Check 8 ·· 30
ワンポイント・レッスン 7　三和音の種類 ··· 32
Check & Check 9 ·· 34
ワンポイント・レッスン 8　楽式 ··· 36
Check & Check 10 ·· 38
ワンポイント・レッスン 9　音楽史 ··· 40
Check & Check 11 ·· 42
ワンポイント・レッスン 10　和音の基本形と転回形 ··· 44
ワンポイント・レッスン 11　いろいろな曲の種類 ·· 46
Check & Check 12 ·· 48

解答 ··· 51

Check & Check 1

チェック 1　( )の中に名前を書きましょう。

mp (　　　　　　　)　　　D.C. (　　　　　　　)

♭♭ (　　　　　　　)　　　𝄾 (　　　　　　　)

𝄐 (　　　　　　　)　　　𝅗𝅥.. (　　　　　　　)

cresc. (　　　　　　　)　　　*rit.* (　　　　　　　)

チェック 2　( )の中に音の名前を書きましょう。

( ) ( ) ( ) ( ) ( ) ( ) ( ) ( )

( ) ( ) ( ) ( ) ( ) ( ) ( ) ( )

チェック３　文章が正しい時は〇、間違っている時は×をしましょう。

ディミヌエンドは、だんだん遅くという意味です。・・・・・・・・・・・・・・・・・・（　）

シャープは半音上げる記号です。・・・・・・・・・・・・・・・・・・・・・・・・・・・・・（　）

ト調長音階は、ソの音から始まり、シの音がフラットです。・・・・・・・・（　）

ミの日本語音名は、ホです。・・・・・・・・・・・・・・・・・・・・・・・・・・・・・・・・・（　）

スタッカートは、音を十分にのばす記号です。・・・・・・・・・・・・・・・・・・（　）

チェック４　線で結びましょう。

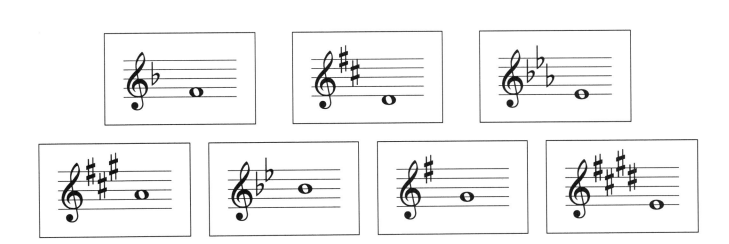

ワンポイント・レッスン 1

曲想記号

agitato（アジタート）・・・・・・・・・・・・・・・・・・・・・・・ 激して
amabile（アマービレ）・・・・・・・・・・・・・・・・・・・・・・・ 愛らしく
amoroso（アモローソ）・・・・・・・・・・・・・・・・・・・・・・・ 愛情に満ちて
animato（アニマート）・・・・・・・・・・・・・・・・・・・・・・・ 元気に速く
appassionato（アパッショナート）・・・・・・・・・・・・・・・・ 熱情的に
arioso（アリオーソ）・・・・・・・・・・・・・・・・・・・・・・・・・ 歌うように
brillante（ブリランテ）・・・・・・・・・・・・・・・・・・・・・・・ はなやかに
calmato（カルマート）・・・・・・・・・・・・・・・・・・・・・・・ 静かに
cantabile（カンタービレ）・・・・・・・・・・・・・・・・・・・・・ 歌うように
capriccioso（カプリチョーソ）・・・・・・・・・・・・・・・・・・ 気ままに
con anima（コン アニマ）・・・・・・・・・・・・・・・・・・・・・ 活気をもって
con brio（コン ブリオ）・・・・・・・・・・・・・・・・・・・・・・ 生き生きと
con fuoco（コン フォーコ）・・・・・・・・・・・・・・・・・・・・ 火のように
con grazia（コン グラーツィア）・・・・・・・・・・・・・・・・・ 優雅に、優美に
con moto（コン モート）・・・・・・・・・・・・・・・・・・・・・・ 動きをつけて
con spirito（コン スピリト）・・・・・・・・・・・・・・・・・・・・ 元気に
con tenerezza（コン テネレッツァ）・・・・・・・・・・・・・・ やさしく愛情をこめて
dolce（ドルチェ）・・・・・・・・・・・・・・・・・・・・・・・・・・・ 柔和に
doloroso（ドロローゾ）・・・・・・・・・・・・・・・・・・・・・・・ 悲しげに
elegante（エレガンテ）・・・・・・・・・・・・・・・・・・・・・・・ 優雅に
energico（エネルジーコ）・・・・・・・・・・・・・・・・・・・・・ 精力的に
espressivo（エスプレシーボ）・・・・・・・・・・・・・・・・・・ 表情豊かに
giocoso（ジョコーソ）・・・・・・・・・・・・・・・・・・・・・・・ おどけて、愉快に
grandioso（グランディオーソ）・・・・・・・・・・・・・・・・・ 壮大に、堂々と
grazioso（グラチオーソ）・・・・・・・・・・・・・・・・・・・・・ 優雅に、優美に
leggiero（レジェーロ）・・・・・・・・・・・・・・・・・・・・・・・ 軽く
maestoso（マエストーソ）・・・・・・・・・・・・・・・・・・・・・ 荘厳に
pastorale（パストラーレ）・・・・・・・・・・・・・・・・・・・・・ 牧歌風に
pesante（ペザンテ）・・・・・・・・・・・・・・・・・・・・・・・・・ 重く

religioso（レリジオーソ）・・・・・・・・・・・・・・・・・・・・・・・・・ 敬けんに
risoluto（リゾルート）・・・・・・・・・・・・・・・・・・・・・・・・・・・ 決然と
scherzando（スケルツァンド）・・・・・・・・・・・・・・・・・・・・・ おどけて
semplice（センプリーチェ）・・・・・・・・・・・・・・・・・・・・・・・ 単純に
serioso（セリオーソ）・・・・・・・・・・・・・・・・・・・・・・・・・・・ まじめに、厳しゅくに
soave（ソアーベ）・・・・・・・・・・・・・・・・・・・・・・・・・・・・・・ やわらかく、あいらしく
spiritoso（スピリトーソ）・・・・・・・・・・・・・・・・・・・・・・・・ 活気をつけて
tranquillo（トランクイロ）・・・・・・・・・・・・・・・・・・・・・・・ 静かに

チェック1　線で結びましょう。

カンタービレ　・　　　　　　　　　　・　優雅に

レジェーロ　・　　　　　　　　　　・　はなやかに

ドルチェ　・　　　　　　　　　　・　歌うように

ブリランテ　・　　　　　　　　　　・　柔和に

エレガンテ　・　　　　　　　　　　・　元気に

スケルツァンド　・　　　　　　　　　　・　軽く

エスプレシーボ　・　　　　　　　　　　・　おどけて

コン スピリト　・　　　　　　　　　　・　表情豊かに

Check & Check 2

チェック 1　音階を書きましょう。

イ長調

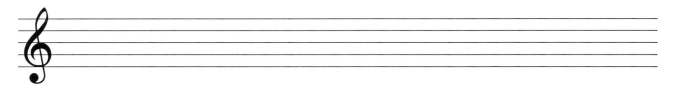

変ロ長調

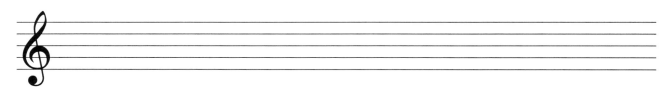

ハ長調

ヘ長調

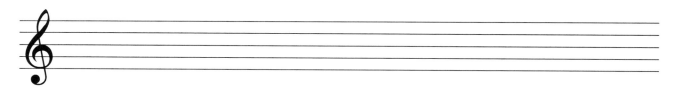

ニ長調

チェック2　日本語の音名を書きましょう。

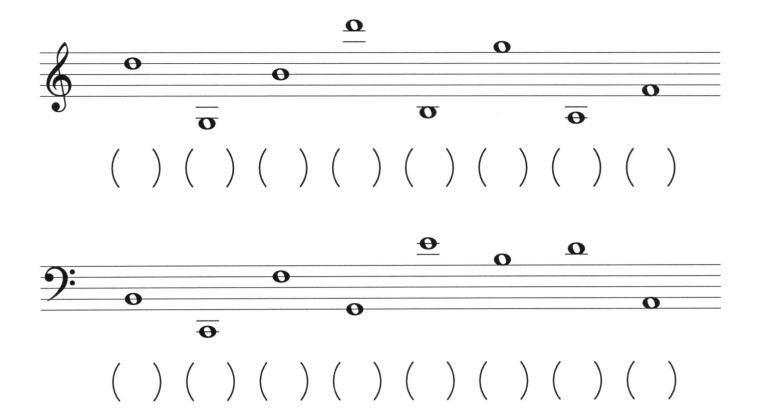

チェック3　音符で答えを書きましょう。

ワンポイント・レッスン 2

音名

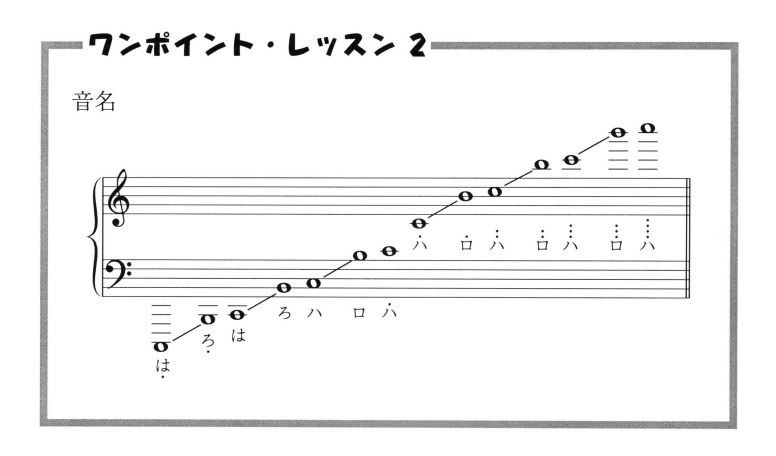

チェック 1 日本語の音名を書きましょう。

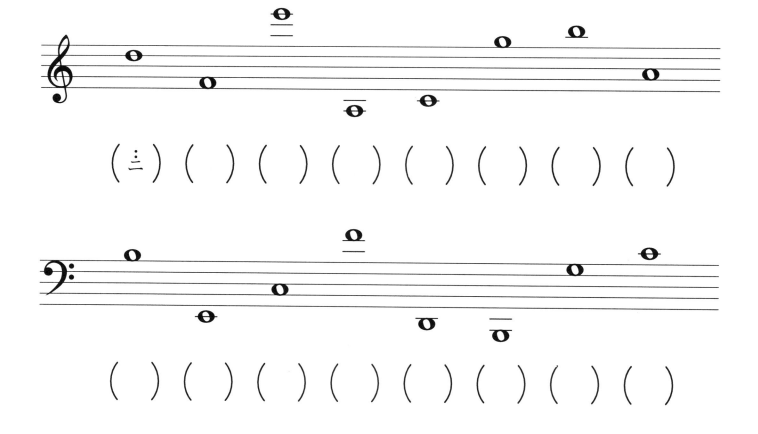

チェック2 線で結びましょう。

アレグロ
Allegro　・　　　　　　　　　　　　・ ゆったりと歩く速さで

モデラート
Moderato　・　　　　　　　　　　　・ 幅広くゆったりと遅く

ラルゴ
Largo　・　　　　　　　　　　　　　・ 急速に

アンダンテ
Andante　・　　　　　　　　　　　　・ 速く

ビーボ
Vivo　・　　　　　　　　　　　　　　・ 中くらいの速さで

プレスト
Presto　・　　　　　　　　　　　　　・ 活発に速く

チェック3 音程を書きましょう。

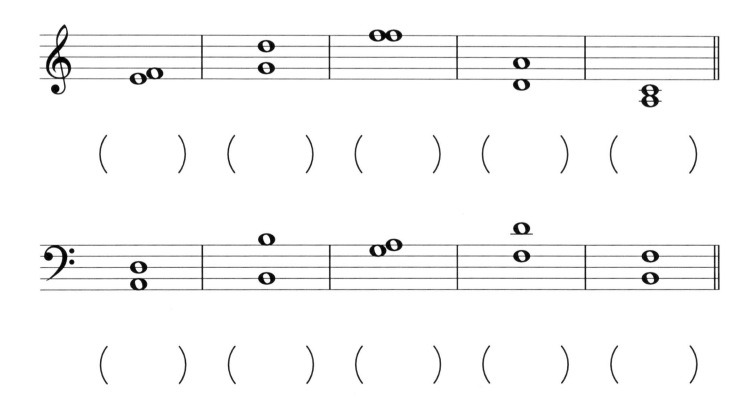

(　)　(　)　(　)　(　)　(　)

(　)　(　)　(　)　(　)　(　)

Check & Check 3

チェック 1　文章が正しい時は○、間違っている時は×をしましょう。

変ロ長調は、シの音から始まり、
　　　シとミとラの音がフラットです。……………………（　）

アレグロは、少し速くという意味です。…………………（　）

ミの3度上は、ソです。……………………………………（　）

レジェーロは、楽しくという意味です。…………………（　）

付点四分音符は、複付点四分音符より長いです。………（　）

チェック 2　(　)の中に名前を書きましょう。

ff (　　　　　　　　)　　♪ (　　　　　　　　)

▬ (　　　　　　　　)　　p (　　　　　　　　)

♩. (　　　　　　　　)　　♩.. (　　　　　　　　)

𝄽 (　　　　　　　　)　　𝅗𝅥. (　　　　　　　　)

Fine (　　　　　　　　)　　dim. (　　　　　　　　)

チェック 3 同じメロディーのものを線で結びましょう。

 · ·

 · ·

 · ·

 · ·

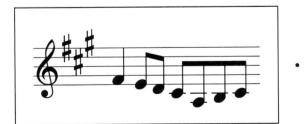 · ·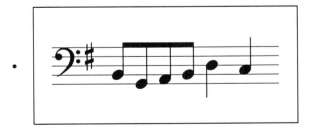

ワンポイント・レッスン 3

音程の種類

 1度 完全1度

 2度 長2度　………　1全音
     短2度　………　1半音

 3度 長3度　………　2全音
     短3度　………　1全音＋1半音

 4度 完全4度　……　2全音＋1半音
     増4度　………　3全音

 5度 完全5度　……　3全音＋1半音
     減5度　………　2全音＋2半音

 6度 長6度　………　4全音＋1半音
     短6度　………　3全音＋2半音

 7度 長7度　………　5全音＋1半音
     短7度　………　4全音＋2半音

 8度 完全8度　……　5全音＋2半音

変化音を含む音程　……　半音拡がると右へ、狭まると左へ進む

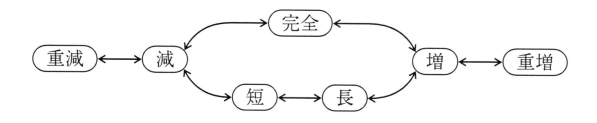

チェック1　（　）の中に音程を書きましょう。

2全音　＋　1半音　＝　（　　完全4度　　）

1全音　＋　1半音　＝　（　　　　　　）

4全音　＋　1半音　＝　（　　　　　　）

5全音　＋　2半音　＝　（　　　　　　）

3全音　＝　（　　　　　　　）

2全音　＋　2半音　＝　（　　　　　　　）

チェック2　音程を書きましょう。

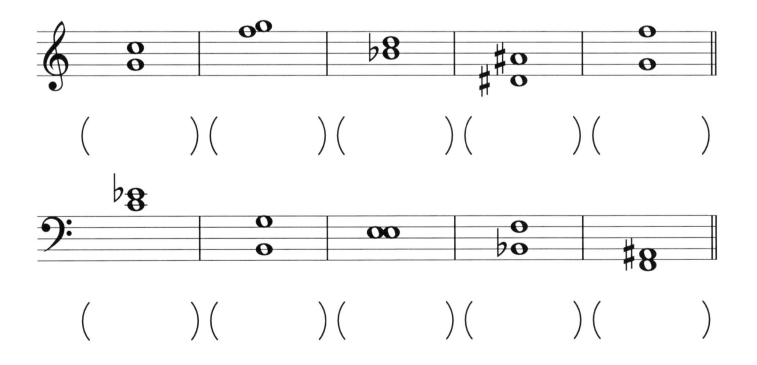

Check & Check 4

チェック 1　強い方を○で囲みましょう。

ff —— mp　　　mf —— f　　　ppp —— pp

p —— mp　　　f —— mp　　　ff —— pp

チェック 2　速い方を○で囲みましょう。

Andante（アンダンテ）—— Lento（レント）　　　Allegretto（アレグレット）—— Allegro（アレグロ）

Moderato（モデラート）—— Allegro Moderato（アレグロ モデラート）　　　Presto（プレスト）—— Allegretto（アレグレット）

チェック 3　高い方を○で囲みましょう。

ハ —— ホ　　　ト —— イ　　　ろ —— ロ

ヘ —— に　　　は —— ホ　　　と —— に

チェック 4　短い方を○で囲みましょう。

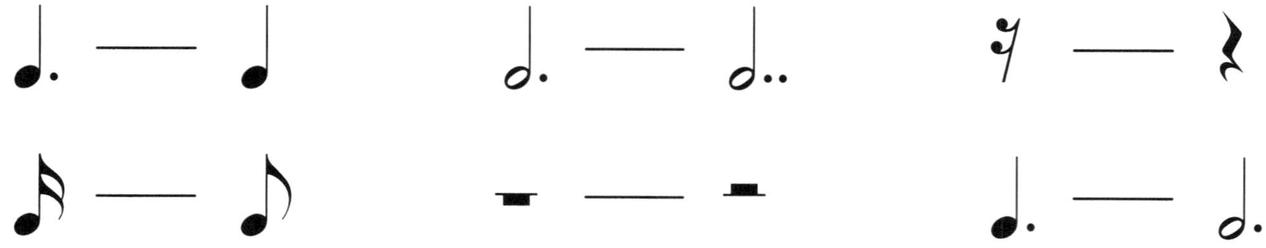

チェック5 音程を書きましょう。

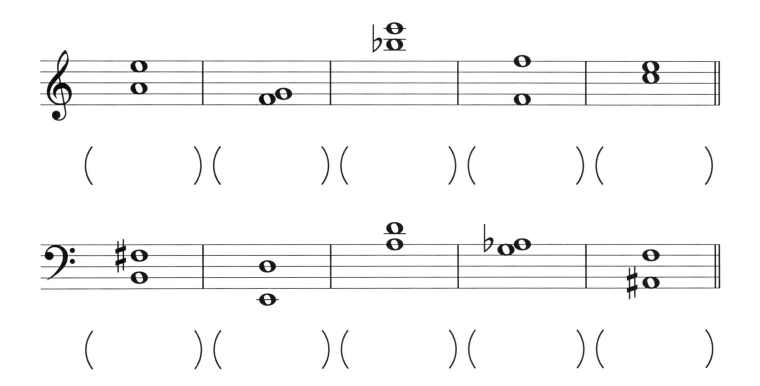

チェック6 線で結びましょう。

　　エスプレシーボ
　espressivo　・　　　　　　　　　　・　軽く

　　スケルツァンド
　scherzando　・　　　　　　　　　　・　静かに

　　レジェーロ
　leggiero　・　　　　　　　　　　・　歌うように

　　カルマート
　calmato　・　　　　　　　　　　・　表情豊かに

　　カンタービレ
　cantabile　・　　　　　　　　　　・　柔和に

　　ドルチェ
　dolce　・　　　　　　　　　　・　おどけて

Check & Check 5

チェック 1　（　）の中に音名を書きましょう。

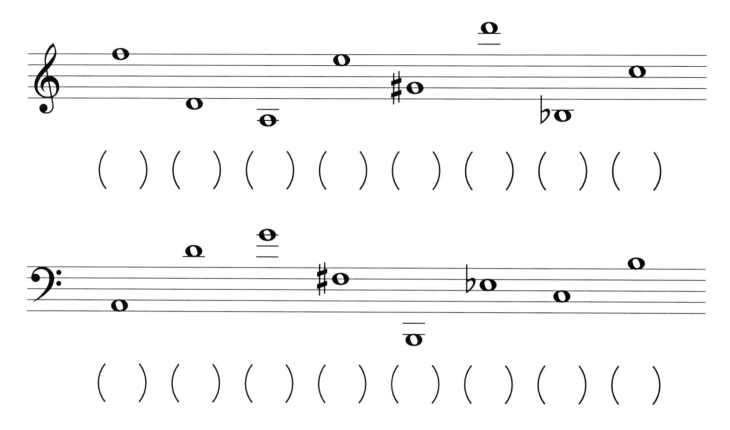

チェック 2　（　）の中に強弱記号を書きましょう。

だんだん強く ……… （　　　）　　　少し強く ………… （　　　）

弱く …………… （　　　）　　　とても弱く ……… （　　　）

少し弱く ………… （　　　）　　　強く …………… （　　　）

とても強く ……… （　　　）　　　だんだん弱く ……… （　　　）

チェック3　ヘ長調からイ長調へ移調しましょう。

チェック4　音階の名前を書きましょう。

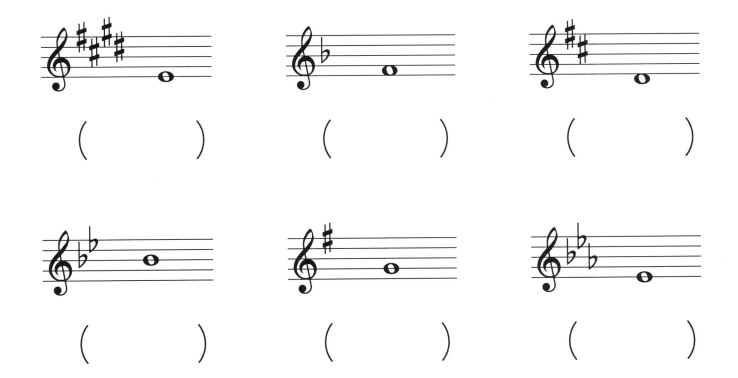

ワンポイント・レッスン 4

速さに関する記号

riten.　*ritenuto*（リテヌート）・・・・・・・・・・・・・・・・・・・・・ すぐに遅く
rit.　*ritardando*（リタルダンド）・・・・・・・・・・・・・・・・・・・ だんだん遅く
rall.　*rallentando*（ラレンタンド）・・・・・・・・・・・・・・・・・ だんだんゆるやかに
accel.　*accelerando*（アッチェレランド）・・・・・・・・・・・・・ だんだん速く
string.　*stringendo*（ストリンジェンド）・・・・・・・・・・・・・ だんだんせきこんで
a tempo（ア テンポ）・・・・・・・・・・・・・・・・・・・・・・・・・・・・ もとの速さで
tempo rubato（テンポ ルバート）・・・・・・・・・・・・・・・・・・ テンポを柔軟に伸縮させて
tempo giust（テンポ ジュスト）・・・・・・・・・・・・・・・・・・・ 正確な速さで
più mosso（ピウ モッソ）・・・・・・・・・・・・・・・・・・・・・・・ 今までより速く
meno mosso（メノ モッソ）・・・・・・・・・・・・・・・・・・・・・・ 今までより遅く
Tempo I（テンポ プリモ）・・・・・・・・・・・・・・・・・・・・・・・ 最初の速さで
L'istesso Tempo（リステッソ テンポ）・・・・・・・・・・・・・・ 同じ速さで

チェック 1　　（　）の中に読み方と意味を書きましょう。

　　　　　　　　読み方　　　　　　　　　　　　　意味

accel.　　（　　　　　　　　　）（　　　　　　　　　　　）

a tempo　（　　　　　　　　　）（　　　　　　　　　　　）

rit.　　　（　　　　　　　　　）（　　　　　　　　　　　）

rall.　　 （　　　　　　　　　）（　　　　　　　　　　　）

riten.　 （　　　　　　　　　）（　　　　　　　　　　　）

チェック2 （ ）の中に音名を書きましょう。

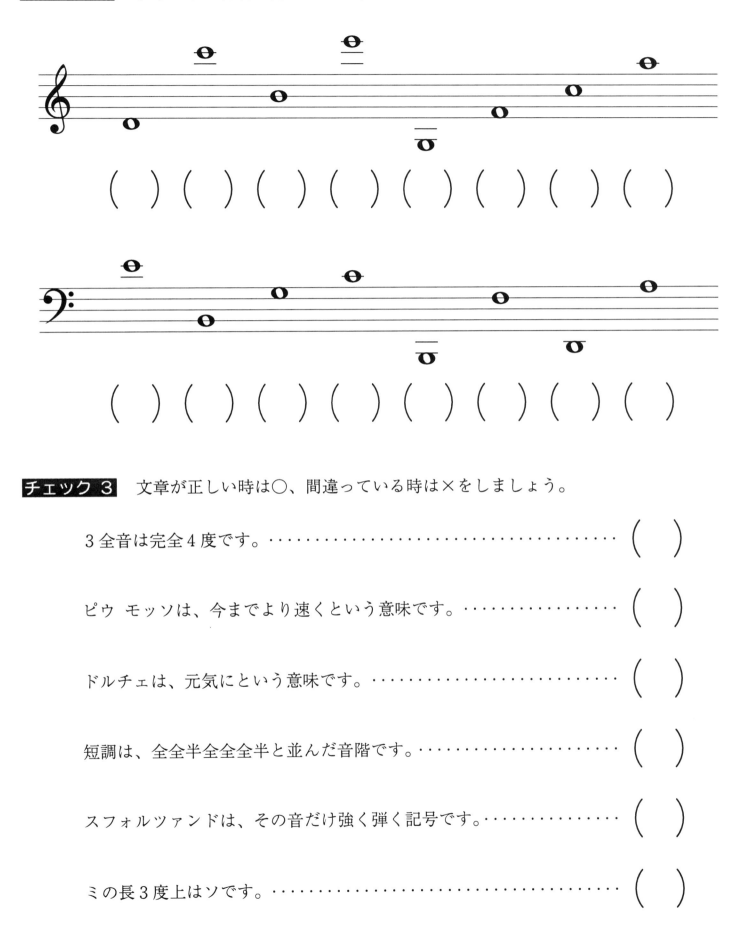

( ) ( ) ( ) ( ) ( ) ( ) ( ) ( )

( ) ( ) ( ) ( ) ( ) ( ) ( ) ( )

チェック3 文章が正しい時は○、間違っている時は×をしましょう。

3全音は完全4度です。‥‥‥‥‥‥‥‥‥‥‥‥‥‥‥‥‥‥‥‥‥‥（ ）

ピウ モッソは、今までより速くという意味です。‥‥‥‥‥‥‥‥‥（ ）

ドルチェは、元気にという意味です。‥‥‥‥‥‥‥‥‥‥‥‥‥‥‥（ ）

短調は、全全半全全全半と並んだ音階です。‥‥‥‥‥‥‥‥‥‥‥‥（ ）

スフォルツァンドは、その音だけ強く弾く記号です。‥‥‥‥‥‥‥‥（ ）

ミの長3度上はソです。‥‥‥‥‥‥‥‥‥‥‥‥‥‥‥‥‥‥‥‥‥‥（ ）

Check & Check 6

チェック1　（　）の中に書きましょう。

$$1全音 \; + \; (\quad) \; = \; 短3度$$

$$(\quad) \; + \; (\quad) \; = \; 完全4度$$

$$5全音 \; + \; 2半音 \; = \; (\quad)$$

$$(\quad) \; + \; 1半音 \; = \; 長6度$$

$$2全音 \; + \; 2半音 \; = \; (\quad)$$

$$(\quad) \; + \; (\quad) \; = \; 短7度$$

チェック2　音名を見て、全音符を書きましょう。

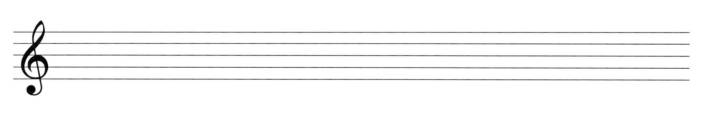

ホ　ロ　ト　ニ　ヘ　イ　ハ　ニ

イ　ろ　ヘ　ホ　は　ニ　ろ　ト

チェック3　線で結びましょう。

string.（ストリンジェンド） ・	・ 正確な速さで
riten.（リテヌート） ・	・ だんだんゆるやかに
tempo giust（テンポ ジュスト） ・	・ だんだんせきこんで
accel.（アッチェレランド） ・	・ すぐに遅く
rall.（ラレンタンド） ・	・ もとの速さで
a tempo（ア テンポ） ・	・ だんだん速く

チェック4　（　）の中に音階の名前を書きましょう。

ト長調 —完全5度上→（　　　　）　　イ長調 —完全5度下→（　　　　）

ニ長調 —長2度上→（　　　　）　　変ホ長調 —完全5度上→（　　　　）

ハ長調 —完全4度上→（　　　　）　　ヘ長調 —短3度下→（　　　　）

変ロ長調 —短2度下→（　　　　）　　ホ長調 —短3度上→（　　　　）

ワンポイント・レッスン 5

近親調（きんしんちょう）‥‥‥ 音階に多くの共通点をもち、近い関係にある調

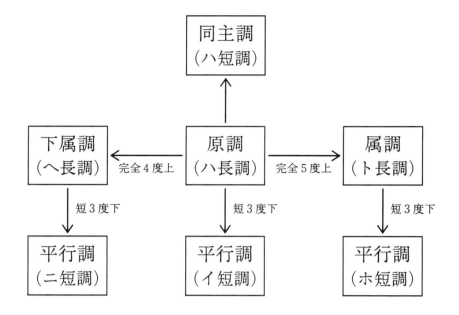

同主調（どうしゅちょう）‥‥‥‥‥ 主音が同じ長調と短調

平行調（へいこうちょう）‥‥‥‥‥ 調号が同じ長調と短調

属調（ぞくちょう）‥‥‥‥‥‥ 原調の属音（第5音）を主音とする調

下属調（かぞくちょう）‥‥‥‥‥ 原調の下属音（第4音）を主音とする調

チェック 1　（　）の中に音階の名前書きましょう。

ハ長調の同主調は（　　　　）です。

ト長調の平行調は（　　　　）です。

ヘ長調の下属調は（　　　　）です。

ニ長調の属調は（　　　　）です。

チェック 2 近親調の表を完成しましょう。

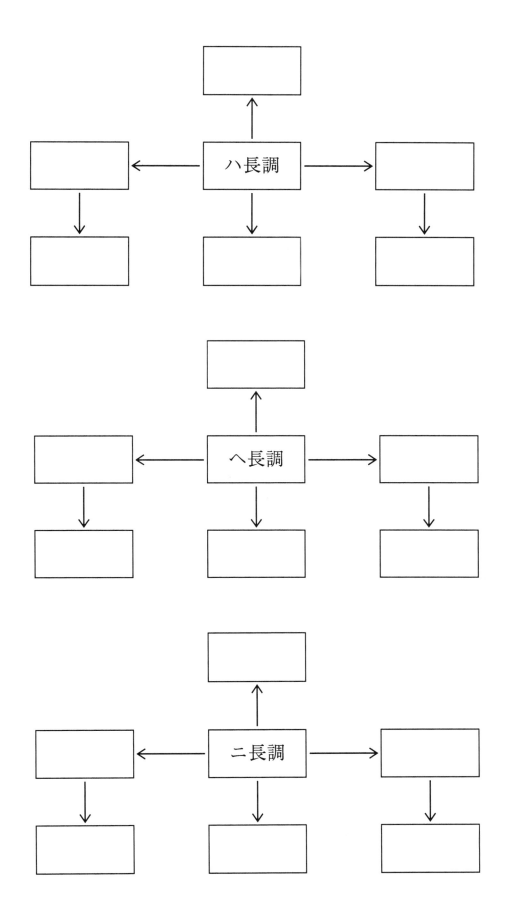

Check & Check 7

チェック 1　文章が正しい時は○、間違っている時は×をしましょう。

ト長調の平行調は、ホ長調です。……………………………………（　）

ニ長調の下属調は、ト長調です。……………………………………（　）

ヘ長調の同主調は、ヘ短調です。……………………………………（　）

変ロ長調の属調は、ヘ長調です。……………………………………（　）

イ長調の下属調は、ニ長調です。……………………………………（　）

ホ長調の平行調は、ハ短調です。……………………………………（　）

チェック 2　音名を見て、全音符を書きましょう。

チェック3 （　）の中に名前を書きましょう。

rit. (　　　　　　　　　)　　　pp (　　　　　　　　　)

𝄐 (　　　　　　　　　)　　　𝅗𝅥.. (　　　　　　　　　)

𝄾 (　　　　　　　　　)　　　rall. (　　　　　　　　　)

♪ (　　　　　　　　　)　　　D.S. (　　　　　　　　　)

rf (　　　　　　　　　)　　　♩ (　　　　　　　　　)

チェック4 （　）の中に音階の名前を書き、属調へ移調しましょう。

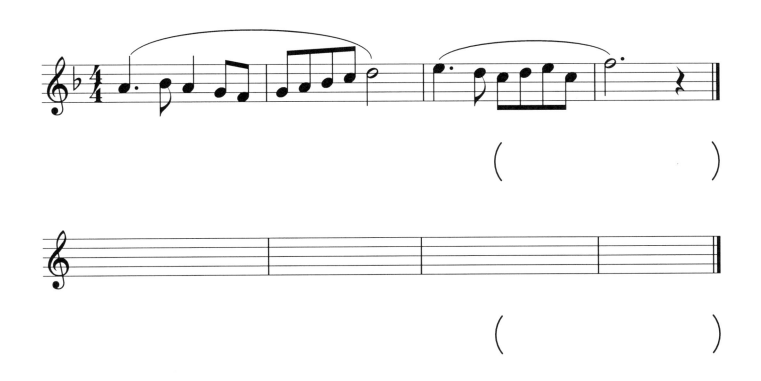

ワンポイント・レッスン 6

三和音 …… ある音の上に3度の音を2つ積み重ねた和音

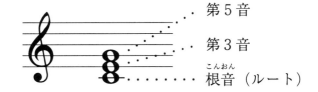

主要3和音
　主和音（トニック）、属和音（ドミナント）、下属和音（サブ・ドミナント）

チェック 1　　（　）の中に音階の名前を書き、それぞれの音階の上に三和音を書きましょう。

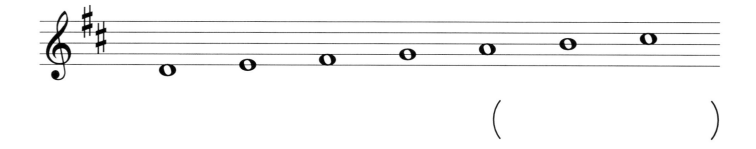

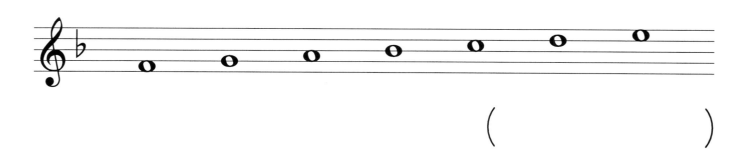

チェック2 それぞれの調の主要3和音を線で結びましょう。

ホ長調 ・

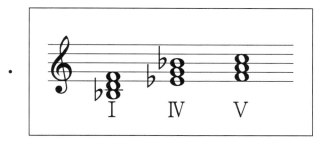

イ長調 ・

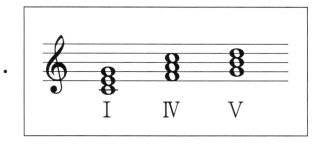

変ロ長調 ・

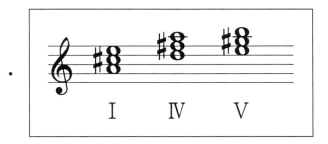

ト長調 ・

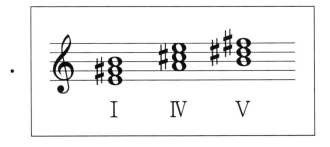

ハ長調 ・

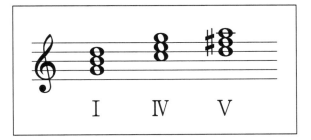

Check & Check 8

チェック1　（　）の中に音程を書きましょう。

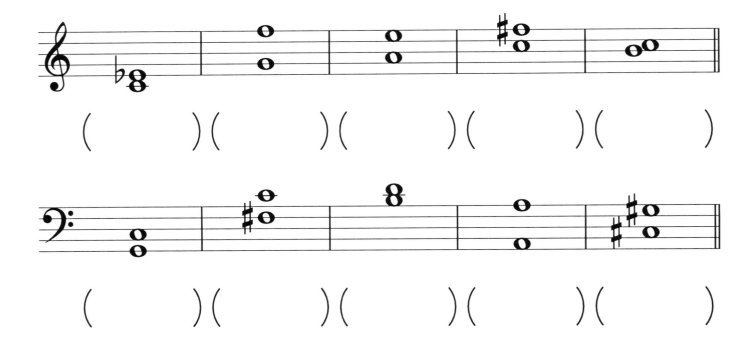

チェック2　線で結びましょう。

チェック3　文章が正しい時は○、間違っている時は×をしましょう。

イ長調の同主調は、イ短調です。……………………………………（　）

オッターバは、1オクターブ低く演奏する記号です。………………（　）

ヘとロの間は、完全4度です。…………………………………………（　）

三和音のいちばん下の音は、根音です。………………………………（　）

ト長調の下属和音とハ長調の主和音は同じです。……………………（　）

短6度は、3全音と2半音から成っています。………………………（　）

チェック4　（　）の中に音階の名前を書き、下属調へ移調しましょう。

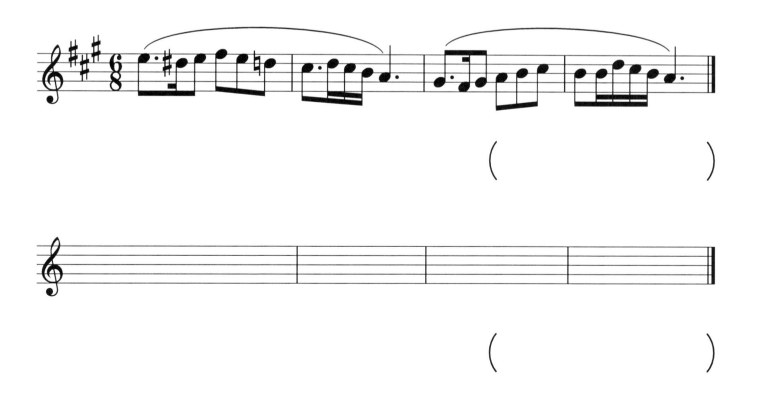

（　　　　　　　　　　　　　　　）

（　　　　　　　　　　　　　　　）

ワンポイント・レッスン 9

三和音の種類

長三和音 ‥‥‥ 完全5度 ＋ 長3度

短三和音 ‥‥‥ 完全5度 ＋ 短3度

減三和音 ‥‥‥ 減5度 ＋ 短3度

増三和音 ‥‥‥ 増5度 ＋ 長3度

チェック1 根音の上に和音を書きましょう。

長三和音 　　増三和音　　短三和音　　減三和音　　長三和音

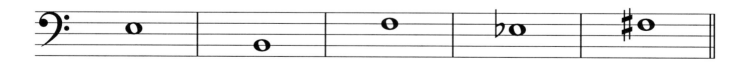

短三和音　　減三和音　　増三和音　　長三和音　　短三和音

チェック2 線で結びましょう。

マエストーソ *maestoso* ・	・ 元気に
ブリランテ *brillante* ・	・ 歌うように
コン スピリト *con spirito* ・	・ はなやかに
カルマート *calmato* ・	・ 決然と
ドルチェ *dolce* ・	・ 牧歌風に
パストラーレ *pastorale* ・	・ 荘厳に
アマービレ *amabile* ・	・ 表情豊かに
カンタービレ *cantabile* ・	・ 火のように
エスプレシーボ *espressivo* ・	・ 静かに
レジェーロ *leggiero* ・	・ 軽く
コン フォーコ *con fuoco* ・	・ 柔和に
リゾルート *risoluto* ・	・ 愛らしく

Check & Check 9

チェック 1 （ ）の中に音名を書きましょう。

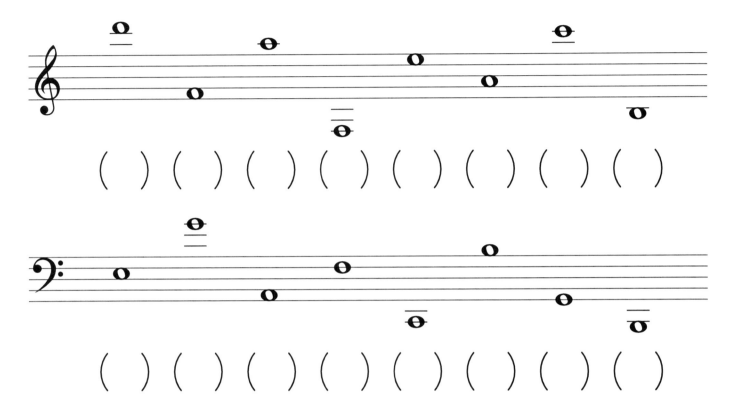

チェック 2 （ ）の中に音階の名前を書き、短3度高く移調しましょう。

チェック３　（　）の中に言葉を書きましょう。

へ長調の同主調は（　　　　　　　　）です。

ホ長調の下属調は（　　　　　　　　）です。

ニ長調の平行調は（　　　　　　　　）です。

変ロ長調の属調は（　　　　　　　　）です。

長三和音は、完全５度と（　　　　　　　　）で成っています。

減三和音は、（　　　　　　）と（　　　　　　　　）で成っています。

チェック４　線で結びましょう。

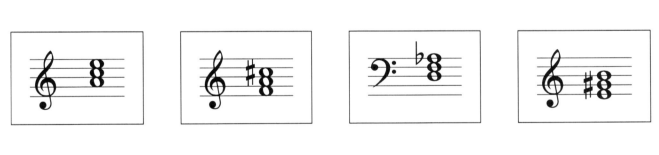

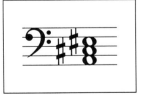　　　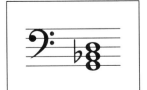

ワンポイント・レッスン 8

楽式

一部形式 ……… A (a a')

二部形式 ……… A (a a') B (b a')
　　　　　　　　A (a a') B (b b')

小三部形式 …… a b a

複合三部形式 …… A (A B) B (C D) A (A B)
　　　　　　　　A (a b a) B (c d c) A (a b a)

ロンド形式 …… A B A C A B A （主題が何度も繰り返される）

ソナタ形式 …… 提示部　展開部　再現部

チェック1　（　）の中に次の曲の形式を書きましょう。

メリーさんのひつじ ……………… (　　　　　　　　　)

きらきら星 ……………………… (　　　　　　　　　)

ちょうちょう …………………… (　　　　　　　　　)

おお スザンナ ………………… (　　　　　　　　　)

10人のインディアン ……………… (　　　　　　　　　)

みつばちマーチ ………………… (　　　　　　　　　)

チェック2　文章が正しい時は○、間違っている時は×をしましょう。

減三和音は、減5度と短3度で成っています。……………………（　）

ストリンジェンドは、だんだん遅くという意味です。……………（　）

ニ長調の下属調は、ト短調です。……………………………………（　）

ディミヌエンドは、だんだん弱くという意味です。………………（　）

アンダンテは、速くという意味です。………………………………（　）

イの完全5度上はホです。……………………………………………（　）

チェック3　和音を書きましょう。

| ト長調の属和音 | イ長調の主和音 | 変ロ長調の下属和音 | ヘ長調の下属和音 | ニ長調の属和音 |

| 変ロ長調の主和音 | ハ長調の属和音 | ニ長調の主和音 | イ長調の下属和音 | ホ長調の属和音 |

Check & Check 10

チェック 1　形式の名前を書きましょう。

　　　　a a' ･･････････････････････････････ (　　　　　　　　　　)

　　　　A B A C A B A ･････････････････ (　　　　　　　　　　)

　　　　a a' b b' ･･････････････････････････ (　　　　　　　　　　)

　　　　a b a ･･････････････････････････････ (　　　　　　　　　　)

　　　　a b a c d c a b a ･････････････････ (　　　　　　　　　　)

　　　　a a' b a' ･･････････････････････････ (　　　　　　　　　　)

　　　　提示部　展開部　再現部 ･･････････ (　　　　　　　　　　)

チェック 2　線で結びましょう。

　　　Moderato（モデラート）　　　・　　　　　　　　　・　速く

　　　Allegro（アレグロ）　　　・　　　　　　　　　・　中くらいの速さで

　　　Andante（アンダンテ）　　　・　　　　　　　　　・　少し速く

　　　Lento（レント）　　　・　　　　　　　　　・　ほどよく速く

　　　Allegretto（アレグレット）　　　・　　　　　　　　　・　ゆったりと歩く速さで

　　　Allegro Moderato（アレグロ　モデラート）　　　・　　　　　　　　　・　遅く

チェック 3 音程を書きましょう。

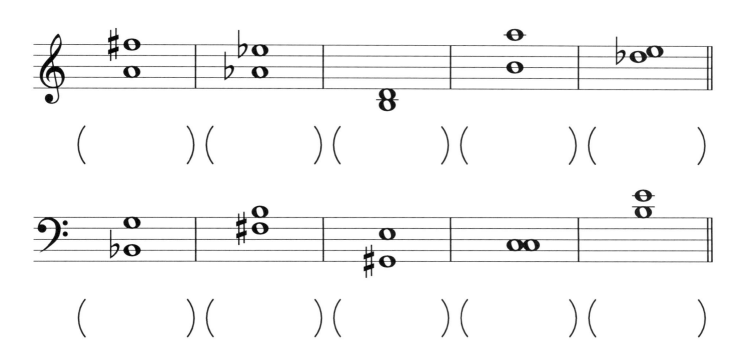

チェック 4 それぞれの音階を書きましょう。

原調（ イ長調 ）

属調（　　　）

下属調（　　　）

ワンポイント・レッスン 9

音楽史　主な時代と作曲家

バロック時代 ・・・・・・・・ バッハ(ドイツ)、ヘンデル(ドイツ)

古典派 ・・・・・・・・・・・・・ ハイドン(オーストリア)、モーツァルト(オーストリア)、
　　　　　　　　　　　　　ベートーヴェン(ドイツ)

ロマン派 前期 ・・・・・・ シューベルト(オーストリア)、ウェーバー(ドイツ)、
　　　　　　　　　　　　　メンデルスゾーン(ドイツ)、シューマン(ドイツ)、
　　　　　　　　　　　　　ショパン(ポーランド)

ロマン派 後期 ・・・・・・ ベルリオーズ(フランス)、リスト(ハンガリー)、
　　　　　　　　　　　　　ワグナー(ドイツ)

ロマン的古典主義 ・・・・ ブラームス(ドイツ)

国民楽派 ・・・・・・・・・・・ チャイコフスキー(ロシア)、ムソルグスキー(ロシア)、
　　　　　　　　　　　　　スメタナ(チェコ)、ドヴォルザーク(チェコ)、
　　　　　　　　　　　　　シベリウス(フィンランド)

印象派 ・・・・・・・・・・・・・ ドビュッシー(フランス)

チェック 1　　線で結びましょう。

モーツァルト　・

ドビュッシー　・　　　　　　　　　　　　　・ ロマン派 前期

バッハ　・　　　　　　　　　　　　　　　　・ 古典派

シューマン　・　　　　　　　　　　　　　　・ 印象派

ベートーヴェン　・　　　　　　　　　　　　・ バロック時代

ショパン　・

チェック2 音符で答えを書きましょう。

♪ + ♪ + ♩ = (　　) 　　　♪. + ♪. = (　　)

♩ − ♪ = (　　) 　　　𝅗𝅥.. − ♪ = (　　)

♬ + ♪ + ♩. = (　　)

チェック3 （　）の中に読み方を書き、意味を線で結びましょう。

cantabile (　　　　　)　・　　　　　・ 悲しげに

leggiero (　　　　　)　・　　　　　・ 熱情的に

doloroso (　　　　　)　・　　　　　・ 歌うように

scherzando (　　　　　)　・　　　　　・ 精力的に

appassionato (　　　　　)　・　　　　　・ 軽く

energico (　　　　　)　・　　　　　・ 単純に

espressivo (　　　　　)　・　　　　　・ おどけて

semplice (　　　　　)　・　　　　　・ 表情豊かに

Check & Check 11

チェック 1　全音符を書きましょう。

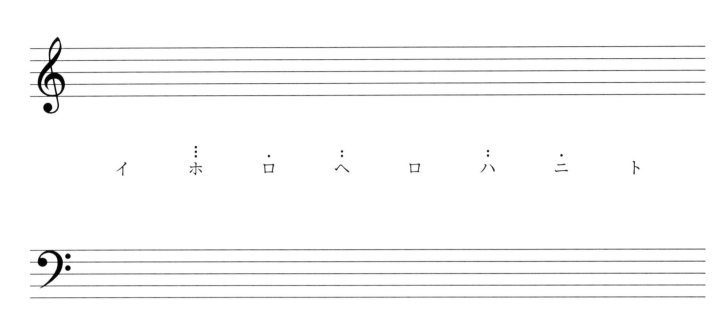

チェック 2　文章が正しい時は○、間違っている時は×をしましょう。

　　　ドビュッシーは、ロマン派の作曲家です。・・・・・・・・・・・・・・・・・・・・・・・・・（　）

古典派の代表的作曲家は、
　　　ハイドン、モーツァルト、ベートーヴェンです。・・・・・・・・・・・・（　）

チャイコフスキーは、ドイツの作曲家です。・・・・・・・・・・・・・・・・・・・・・・・（　）

ショパンとシューマンは、同じ時代に活躍しました。・・・・・・・・・・・・・（　）

バッハとヘンデルは、バロック時代の作曲家です。・・・・・・・・・・・・・・（　）

古典派は、バロック時代より前です。・・・・・・・・・・・・・・・・・・・・・・・・・・・（　）

チェック3 和音の種類を書きましょう。

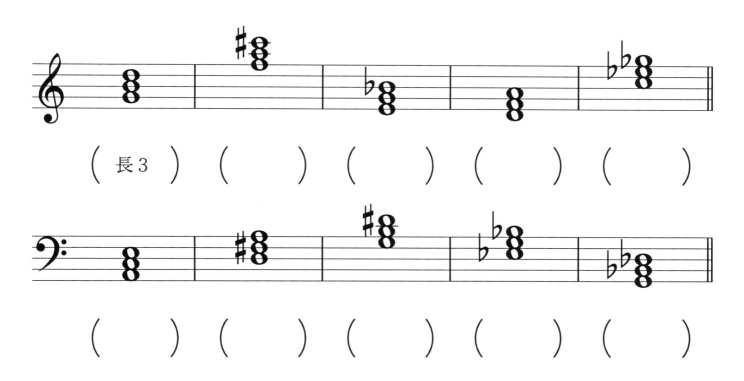

(長3) ( ) ( ) ( ) ( )

( ) ( ) ( ) ( ) ( )

チェック4 近親調を書きましょう。

	同主調	属調	下属調
変ホ長調	( )	( )	( )
ト長調	( )	( )	( )
イ長調	( )	( )	( )
ホ長調	( )	( )	( )
ヘ長調	( )	( )	( )

ワンポイント・レッスン 10

和音の基本形と転回形

基本形 ········· 根音を最低音とした形

第1転回形 ······ 第3音を最低音とした形

第2転回形 ······ 第5音を最低音とした形

☆最低音のみで判断し、その他の音の位置は問題にしません。

チェック1 指示された和音の形を書きましょう。

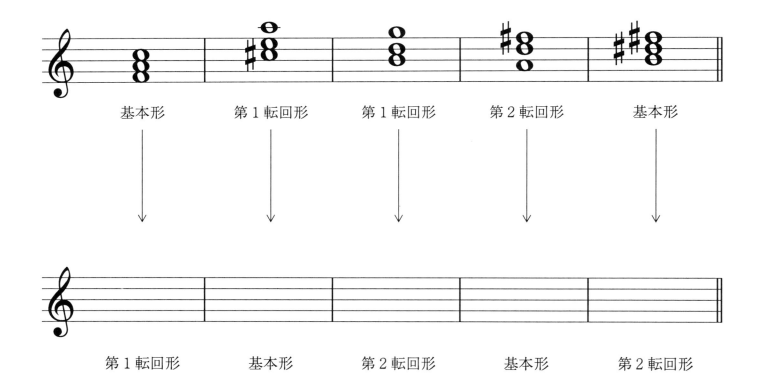

チェック２ （　）の中に名前を書きましょう。

𝄪 (　　　　　　　　　　)　　rit. (　　　　　　　　　　)

♩ (　　　　　　　　　　)　　**ff** (　　　　　　　　　　)

dim. (　　　　　　　　　　)　　𝄿 (　　　　　　　　　　)

♩. (　　　　　　　　　　)　　D.C. (　　　　　　　　　　)

𝄻 (　　　　　　　　　　)　　♪ (　　　　　　　　　　)

チェック３ （　）の中に音階の名前を書き、属調へ移調しましょう。

(　　　　　　　　　　)

(　　　　　　　　　　)

ワンポイント・レッスン 11

いろいろな曲の種類

ソナタ	ソナタ形式の曲
ソナチネ	ソナタの小規模なもの
コンチェルト（協奏曲）	独奏楽器とオーケストラで演奏するソナタ
シンフォニー（交響曲）	オーケストラで演奏するソナタ
アルマンド	16世紀の2拍子の舞曲
ガボット	古いフランスの2拍子の舞曲
サラバンド	17,18世紀にヨーロッパに流行した3拍子の舞曲
タランテラ	イタリアのタラント地方に起きた情熱的な6拍子の舞曲
ポルカ	ボヘミア地方の急速な2拍子の舞曲
ボレロ	4分の3拍子のスペインの舞曲
ポロネーズ	ポーランドの国民的な4分の3拍子の舞曲
マーチ	2拍子または4拍子の行進曲
マズルカ	ポーランドの農民の舞曲で3拍子
メヌエット	古いフランスのゆっくりした舞曲で4分の3拍子
ワルツ	3拍子の円舞曲
アンプロンプチュ	即興曲
インテルメッツォ	間奏曲、楽章と楽章の間にはさまれる
エチュード	練習曲
セレナーデ	小夜曲、夕べに窓の下で歌われた
ノクターン	夜想曲
バラード	声楽曲から発達した物語の音楽
バルカローレ	舟歌
プレリュード	前奏曲
ラプソディ	狂詩曲

チェック 1　線で結びましょう。

| エチュード | バルカローレ | ノクターン | セレナーデ | プレリュード |

| 小夜曲 | 練習曲 | 舟歌 | 夜想曲 | 前奏曲 |

チェック 2 文章が正しい時は○、間違っている時は×をしましょう。

ワルツは、3拍子の円舞曲です。・・・・・・・・・・・・・・・・・・・・・・・・・・・・・・・（　）

マズルカは、ドイツの国民的な舞曲です。・・・・・・・・・・・・・・・・・・・・・・（　）

マーチは、2拍子または4拍子の行進曲です。・・・・・・・・・・・・・・・・・・（　）

ソナチネは、ソナタを大規模にしたものです。・・・・・・・・・・・・・・・・・・（　）

セレナーデは、宮廷で華やかに演奏された。・・・・・・・・・・・・・・・・・・・（　）

メヌエットは、古いフランスの舞曲で、
　　　　ゆっくりした3拍子です。・・・・・・・・・・・・・・・・・・・（　）

チェック 3 主音と調号を書きましょう。

イ長調　　　　変ロ長調　　　　変イ長調　　　　イ短調

ヘ長調　　　　ロ短調　　　　嬰ヘ短調　　　　ニ長調

Check & Check 12

チェック1　（　）の中に音名を書きましょう。

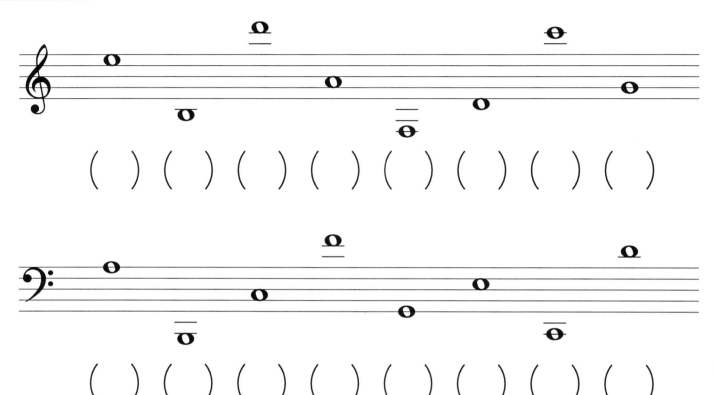

チェック2　線で結びましょう。

accel.（アッチェレランド）　　・　　　　　・　すぐに遅く

L'istesso Tempo（リステッソ テンポ）　・　　　　　・　テンポを柔軟に伸縮させて

riten.（リテヌート）　　・　　　　　・　もとの速さで

a tempo（ア テンポ）　　・　　　　　・　だんだんゆるやかに

rall.（ラレンタンド）　　・　　　　　・　だんだん速く

tempo rubato（テンポ ルバート）　・　　　　　・　同じ速さで

string.（ストリンジェンド）　　・　　　　　・　だんだんせきこんで

チェック 3 （ ）の中に言葉を書きましょう。

長調は、（　）（　）（　）（　）（　）（　）（　）と並んだ音階です。

第1転回形は、（　　　　　　）を最低音とした和音の形です。

古典派の代表的作曲家は、
（　　　　　　）（　　　　　　）（　　　　　　）です。

ソナタ形式は、（　　　　）（　　　　）（　　　　　　）から成っています。

ト短調の同主調は、（　　　　　　）です。

完全5度は、（　　　　　　）と（　　　　　　）から成る音程です。

チェック 4 （ ）の中に音階の名前を書き、黒鍵を弾く音を○で囲みましょう。

解 答

P.4 チェック1

mp（メッゾ・ピアノ）　*D.C.*（ダ・カーポ）
♭♭（ダブル・フラット）　𝄿（十六分休符）
⌢（フェルマータ）　♩‥（複付点二分音符）
cresc.（クレシェンド）　*rit.*（リタルダンド）

チェック2

（シ）（ファ）（ミ）（ソ）（ミ）（レ）（ド）（ラ）
（ファ）（レ）（ド）（ソ）（ファ）（ラ）（ミ）（レ）

P.5 チェック3

（×）（○）（×）（○）（×）

チェック4

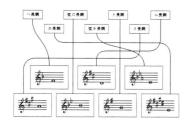

P.7 チェック1

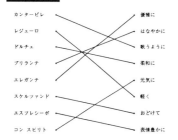

P.8 チェック1

P.9 チェック2

（ニ）（ト）（ロ）（ニ）（ロ）（ト）（イ）（ヘ）
（ロ）（ハ）（ヘ）（ト）（ホ）（ロ）（ニ）（イ）

チェック3

♩ + ♪ + 𝄾 = (♩‥)　♩‥ − ♪ − ♩ = (♩.)
♪ + 𝄾 = (♩)　𝄾 + 𝄾 + 𝄾 = (𝄼)
♩ − ♩. = (♪)　♩‥ − ♪ = (♩.)
♩ − ♩‥ = (♪)
♫ + ♩. + ♪ = (♩.)　♩ − − − = (♩.)

P.10 チェック1

（ニ）（ヘ）（ホ̇）（イ）（ハ）（ト̇）（ロ̇）（イ）
（ロ）（ほ）（ハ）（へ̇）（に）（ろ）（ト）（ハ）

P.11 チェック2

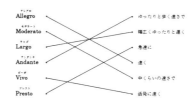

チェック3

（2度）（5度）（1度）（5度）（3度）
（4度）（8度）（2度）（6度）（5度）

P.12 チェック1

（×）（×）（○）（×）（×）

チェック2

ff（フォルティッシモ）　♬（十六分音符）
−（全休符）　*p*（ピアノ）
♩̇（スタッカート）　♩‥（複付点四分音符）
𝄾（八分休符）　♩.（付点二分音符）
Fine（フィーネ）　*dim.*（ディミヌエンド）

P.13 チェック1

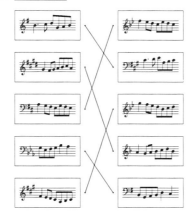

P.15 チェック1

（短3度）（長6度）（完全8度）（増4度）（減5度）

P.16 チェック1

（完全4度）（長2度）（長3度）（完全5度）（短7度）
（短3度）（短6度）（完全1度）（完全5度）（増3度）

チェック1

チェック2

チェック3

チェック4

P.17 チェック5

（完全5度）（長2度）（増4度）（完全8度）（長3度）
（完全5度）（短7度）（完全4度）（短2度）（減6度）

チェック6

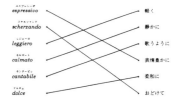

P.18 チェック1

（へ）（ニ）（イ）（ホ̇）（嬰ト）（ニ）（変ロ）（ハ）
（い）（ニ̇）（ト̇）（嬰へ）（ろ）（変ホ）（ハ）（ロ）

チェック2

P.19 チェック3

チェック 4

（ホ長調）　（ヘ長調）　（ニ長調）
（変ロ長調）（ト長調）（変ホ長調）

P.20 チェック 1

（アッチェレランド）（だんだん速く）
（ア・テンポ）（もとの速さで）
（リタルダンド）（だんだん遅く）
（ラレンタンド）（だんだんゆるやかに）
（リテヌート）（すぐに遅く）

P.21 チェック 2

（ニ）（ハ）（ロ）（ホ）（ト）（ヘ）（ハ）（イ）
（ホ）（ろ）（ト）（ハ）（ろ）（ヘ）（に）（イ）

チェック 3

（×）（○）（×）（×）（○）（×）

P.22 チェック 1

1 全音　+（1 半音）= 短 3 度
（2 全音）+（1 半音）= 完全 4 度
5 全音　+　2 半音　=（完全 8 度）
（4 全音）+　1 半音　= 長 6 度
2 全音　+　2 半音　=（減 5 度）
（4 全音）+（2 半音）= 短 7 度

チェック 2

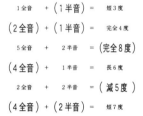

P.23 チェック 3

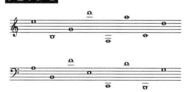

チェック 4

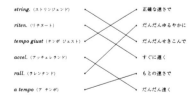

P.24 チェック 1

（ハ短調）（ホ短調）（変ロ長調）（イ長調）

P.25 チェック 2

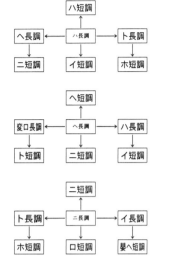

P.26 チェック 1

（×）（○）（○）（○）（○）（×）

チェック 2

P.27 チェック 3

rit.（リタルダンド）　pp（ピアニッシモ）
⌢（フェルマータ）　♩..（複付点二分音符）
𝄾（四分休符）　rall.（ラレンタンド）
♬（十六分音符）　D.S.（ダル・セーニョ）
rf（リンフォルツァンド）　♩(スタッカティシモ)

チェック 4

（ヘ長調）

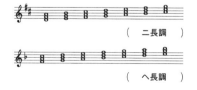
1 オクターブ上でも可　（ハ長調）

P.28 チェック 1

（ニ長調）
（ヘ長調）

P.29 チェック 2

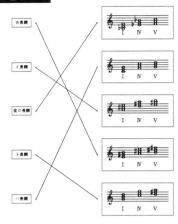

P.30 チェック 1

（短 3 度）（短 7 度）（完全 5 度）（増 4 度）（短 2 度）
（完全 4 度）（減 5 度）（短 3 度）（完全 8 度）（完全 5 度）

チェック 2

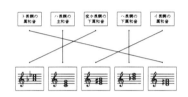

P.31 チェック 3

（○）（×）（×）（○）（○）（○）

チェック 4

（イ長調）
（ニ長調）

P.32 チェック 1

P.33 チェック2

チェック3

P.38 チェック1

（一部形式）（ロンド形式）（二部形式）
（小三部形式）（複合三部形式）
（二部形式）（ソナタ形式）

チェック2

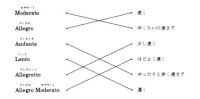

P.34 チェック1

（ニ）（ヘ）（イ）（ヘ）（ホ）（イ）（ハ）（ロ）
（ホ）（ト）（い）（へ）（は）（ロ）（と）（ろ）

チェック2

（ ホ長調 ）

（ ト長調 ）

P.35 チェック3

ヘ長調の同主調は（ ヘ短調 ）です。
ホ長調の下属調は（ イ長調 ）です。
ニ長調の平行調は（ ロ短調 ）です。
変ロ長調の属調は（ ヘ長調 ）です。
長三和音は、完全5度と（ 長3度 ）で成っています。
減三和音は、（ 減5度 ）と（ 短3度 ）で成っています。

チェック4

P.36 チェック1

（一部形式）（小三部形式）（二部形式）
（二部形式）（一部形式）（小三部形式）

P.37 チェック2

（○）（×）（×）（○）（×）（○）

P.39 チェック3

（長6度）（完全5度）（短3度）（短7度）（増2度）
（長6度）（完全4度）（短6度）（完全1度）（完全4度）

チェック4

原調（ イ長調 ）

属調（ ホ長調 ）

下属調（ ニ長調 ）

P.40 チェック1

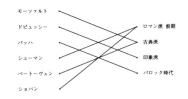

P.41 チェック2

♪+♪+♩ = (♩.)   ♩+♪ = (♩.)
♩ - ♪ = (♪)   ♩.. - ♪ = (♩.)
♪+♪+♩. = (♩..)

チェック3

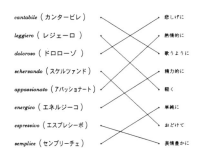

P.42 チェック1

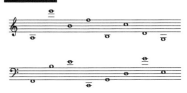

チェック2

（×）（○）（×）（○）（○）（×）

P.43 チェック3

（増3）（減3）（短3）（減3）
（短3）（長3）（増3）（長3）（減3）

チェック4

	同主調	属調	下属調
変ホ長調	（変ホ短調）	（変ロ長調）	（変イ長調）
ト長調	（ト短調）	（ニ長調）	（ハ長調）
イ長調	（イ短調）	（ホ長調）	（ニ長調）
ホ長調	（ホ短調）	（ロ長調）	（イ長調）
ヘ長調	（ヘ短調）	（ハ長調）	（変ロ長調）

P.44 チェック1

P.45 チェック2

× （ダブル・シャープ）　rit.（リタルダンド）
♩ （ テヌート ）　ff （フォルティッシモ）
dim.（ディミヌエンド）　♪（ 十六分休符 ）
♩ （ スタッカート ）　D.C.（ ダ・カーポ ）
− （ 二分休符 ）　♪（付点八分音符）

チェック3

（ イ長調 ）

1オクターブ上でも可　（ ホ長調 ）

P.46 チェック 1

P.47 チェック 2

(○) (×) (○) (×) (×) (○)

チェック 3

P.48 チェック 1

(ホ)(ロ)(ニ)(イ)(ヘ)(ニ)(ハ)(ト)
(イ)(ろ)(ハ)(ヘ)(と)(ホ)(は)(ニ)

チェック 2

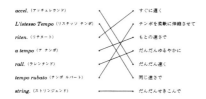

P.49 チェック 3

長調は、(全)(全)(半)(全)(全)(全)(半)と並んだ音階です。

第1転回形は、(第3音)を最低音とした和音の形です。

古典派の代表的作曲家は、(ハイドン)(モーツァルト)(ベートーヴェン)です。

ソナタ形式は、(提示部)(展開部)(再現部)から成っています。

ト短調の同主調は、(ト長調)です。

完全5度は、(3全音)と(1半音)から成る音程です。

チェック 4

(ニ長調)

(変イ長調)

(変ト長調)

おとなのための ポピュラー・バイエル

遠藤蓉子編著

各定価［本体 1200 円＋税］

1巻	おとなになってから初めてピアノを始める方たちが、なるべく短い時間と少ない練習量で、ある程度の実力を身につけることができるようにと考えて作られたテキスト。バイエルの良い所を残して、そこへポピュラーのコード奏法による解釈を取り入れた独自の本。CとFとGのコードを使ったハ長調の曲を中心に学びます。 ☆併用曲　よろこびの歌　ジングル・ベル　聖者の行進　日の丸　きらきら星　わらの中の七面鳥 　　　　　もみじ　シューベルトの子守歌　アメージング・グレース
2巻	ト長調とイ短調、指の移動や、8分の6拍子、重音などを学びます。コードの種類も多くなり、左手のバリエーションも複雑になりますが、少しずついろいろな曲が弾けるようになります。 ☆併用曲　ロング・ロング・アゴー　河は呼んでる　グリーン・スリーブス　モルゲンレーテ 　　　　　スワニー河　おおスザンナ　ドナウ川のさざ波　きよしこの夜　愛のオルゴール 　　　　　ゴッドファーザー／愛のテーマ
3巻	1〜2巻のハ長調、ト長調、イ短調に加え、ヘ長調やさらに複雑なリズムを学びます。指の動きにも速さが要求される課題になっています。このシリーズでは、クラシックの基礎にポピュラーのコード奏法を取り入れるのが特徴ですが、3巻では少しずつそのコードから離れて、コードのない楽譜も弾きこなせる訓練に移ります。ピアノを学ぶ上でのテクニックとルールが体系的に身についた3巻終了後は、ポピュラーへもクラシックへも進めます。 ☆併用曲　太陽がいっぱい　渚のアデリーヌ　サウンド・オブ・サイレンス 　　　　　オブ・ラ・ディ、オブ・ラ・ダ　クリスマス・イブ　ある愛の詩　上を向いて歩こう 　　　　　千の風になって　カノン　少年時代　トルコ行進曲

すぐに役立つ 大人のワーク・ブック

遠藤蓉子著

各定価［本体 1200 円＋税］

1巻	入門編	大人がはじめてピアノを始めるときに、楽譜やいろいろな基礎知識を覚えるためのワーク・ブックで、楽譜が読めるようになることが第一の目的としています。 ワンポイント・レッスンで要点をまとめ、チェック問題を解くのも時間がかからないように配慮しており、1巻ではピアノを実際に弾く上で最低限必要なことを優先して学びます。
2巻	基礎編	1巻で学んだことを定着するための復習に加え、音名、音程や調号などの少し難しい楽典も学びます。Check & Check で数多くの問題をこなして、即座に解答できることが目標です。 2巻より巻末に解答を記載。
3巻	発展編	音高や形式、和声、近親調などさらに本格的な楽典を学びます。またピアノを学ぶ上で必要な一般教養的な音楽史も織りまぜ、楽しく興味をもって取り組めるよう配慮しています。

《遠藤蓉子著のわかりやすいテキストシリーズ》

子供から大人まで スピード・バイエル ①〜③	忙しい現代にマッチした省略版のバイエル。曲番はそのままで、曲の長さを短いパッセージにまとめる方式により、レッスンのスピード・アップを図ります。長い曲を不完全に弾くよりも、短いパッセージを何度も練習して完成するほうが上達への近道。練習時間をあまりとれない方や急いでバイエルを終了する必要のある方のためにお役に立ちます。	各定価 [本体 1200 円＋税]
ピアノの基本 テクニック・マスター ①〜③ （指の形をよくするために）	指の形をトレーニングするためのテキストで、ハノンなどに入る前の初歩的な段階から一本一本の指を丁寧に訓練していきます。全曲ユニゾンとなっており、基本的な音域とリズムから入りますので、初心者でも無理なく指の形に集中することができます。ピアノの基本を正しく学ぶ第一歩として最適です。	各定価 [本体 1200 円＋税]
子供から大人まで ふよみワーク・ブック ①〜④	譜読みが苦手な人が、年齢に関係なく徹底的にトレーニングするためのワーク・ブックです。1巻のト音記号から2巻のヘ音記号、3巻4巻では全音域をすぐにわかるまで訓練します。繰り返し問題をこなしていくうちに、いつの間にかしっかりした譜読み能力が身についています。3巻4巻はハイ・レベルにも対応できる内容です。	各定価 [本体　950 円＋税]
懐かしのピアノ曲集 （心和む美しいメロディーでレッスンを）	ピアノを楽しんで弾いておられる年配の方たちのために、昭和の流行歌を中心に幅広いレパートリーをできるだけ弾きやすくアレンジしています。素朴なメロディーを弾くことにより心が和み、ピアノを弾く楽しさが倍増します。	定価 [本体 1200 円＋税]
ツェルニー・セレクト ツェルニー 30 番の前に	ツェルニー30番に入る準備として、指を速く動かすことや細かい符割りに慣れることをテーマに選曲した練習曲集。あらゆる欠点を補いながら、ツェルニー30番に入るための実力をできるだけ早く身につけます。ポピュラー・バイエル終了後に最適です。	各定価 [本体 1300 円＋税]
ツェルニー・コンタクト ツェルニー 30 番にかえて	ツェルニー・セレクトの続編で、忙しい人やツェルニー30番が少し負担になっている人のために、ツェルニー30番のテーマを吸収しながら、楽しく弾き進んでいける曲をツェルニーの他の練習曲からセレクトしています。	各定価 [本体 1300 円＋税]
ツェルニー・パッセージ ツェルニー 40 番の前に	ツェルニー・コンタクトの続編で、上級の曲に対応できる能力を養うために短いパッセージを徹底的に訓練していきます。速い動きや手首の回転、オクターブやアルペジオ、調性の理解など、あらゆる曲の中で必要なテーマを無理なく身につけることができます。	各定価 [本体 1300 円＋税]
ピアノの贈りもの ①〜③ レッスンのための名曲集	ピアノのレッスンを通じてぜひ弾いておいてほしい美しい曲の数々をレッスンの体系に合わせて選んでいます。本当の名曲に至るまでの長い道のりを、それぞれの曲を味わいながら弾いていきます。一巻はバイエル終了からブルグミュラー程度、二巻はツェルニー30番からソナチネ程度、三巻はツェルニー40番からソナタ程度。	各定価 [本体 1300 円＋税]

※遠藤蓉子ホームページ　http://yoppii.g.dgdg.jp/

著　者　　遠藤蓉子 発行者　　鈴木廣史 発行所　　株式会社サーベル社 定　価　　[本体1,200円＋税] 発行日　　2019年1月25日	**すぐに役立つ 大人のワーク・ブック ③** 【発展編】 〒130-0025　東京都墨田区千歳 2-9-13 TEL：03-3846-1051　FAX：03-3846-1391 http://www.saber-inc.co.jp/

ISBN978-4-88371-278-6 C0073 ¥1200E

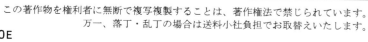